Contes
de la Folie Méricourt

Edition du Club France Loisirs, Paris
avec l'autorisation des Editions Grasset
N° d'éditeur : 29687
ISBN : 2.7441.1761.7
Dépôt légal : juin 1998

Les images de cet album sont extraites
de la série télévisée d'animation :
Contes de la rue Broca et de la Folie Méricourt

Création graphique : Claude Lapointe

Réalisation : Alain Jaspard/Claude Allix.

Direction artistique : Odile Limousin.
Coproduction : FIT PRODUCTION, Millimages, Téléimages,
France 3 et Canal J.

Pierre Gripari

Contes de la Folie Méricourt

LE MARCHAND DE FESSÉES ET AUTRES CONTES

GRASSET-JEUNESSE
Lampe de poche

Le marchand de fessées

Avez-vous jamais vu une fessée, je veux dire vraiment vu ? Rarement, j'en suis sûr. Quand on vous en donne une, vous lui tournez généralement le dos et, comme vous n'avez pas d'yeux derrière la tête, vous pouvez la sentir, ça oui, mais vous ne pouvez pas la voir – et c'est bien dommage !

C'est bien dommage, car il n'y a rien de plus charmant, ni de plus gracieux, ni de plus joli qu'une fessée. Imaginez une sorte d'oiseau ou, mieux encore, de gros papillon, qui, au lieu d'ailes, aurait une paire de mains, de mains charnues, toujours en mouvement, tremblantes et battantes. Grâce à cette paire de mains, la fessée vole, de-ci, de-là, d'un vol hésitant, incertain, toujours à la recherche d'un petit derrière où se poser.

Des fessées, il y en a de toutes les tailles et de tous les genres. Il y en a d'affectueuses, d'amicales, de gentilles, qui passent comme une caresse, comme un souffle, qui font rire. Certaines sont brèves, coléreuses, rageuses. D'autres sont, au contraire, très lourdes, solennelles, cérémonieuses et molles. Il en est aussi de méchantes, de piquantes, d'agressives, de cruelles, de blagueuses, de chahuteuses, d'emphatiques, de déclamatoires, de perverses, de compliquées, de fatiguées, de mornes, d'endormies, de distraites, d'appliquées, de méticuleuses, de ronflantes, de martiales, de fantaisistes, de comiques, d'inventives, d'originales, de gémissantes, de larmoyantes, de soupirantes, d'hypocrites, de bégayeuses, de bafouilleuses, de sentencieuses, de radoteuses – enfin, de toutes sortes.

D'où viennent les fessées ?

Ah, ça ! C'est une question difficile, et les savants ne sont pas tous d'accord là-dessus.

Les uns disent que les premières fessées connues dans l'Histoire vivaient à l'état de nature dans le delta du Nil, et qu'elles furent apprivoisées par les anciens Egyptiens, qui s'en servaient déjà pour l'éducation de leurs enfants.

D'autres disent que la fessée commence à Sumer, à l'embouchure du Tigre et de l'Euphrate, ou encore sur les bords de l'Indus. D'autres encore soutiennent que la fessée est d'origine extraterrestre et que les premiers spécimens furent apportés, en soucoupes volantes, par de petits hommes verts en provenance de Mars ou de Vénus.

On dit aussi qu'une race de fessées, légèrement différente de la nôtre, mais bien reconnaissable, vit encore à l'état sauvage, dans la

grande forêt amazonienne, non loin du territoire des Indiens Tutupanpans. Beaucoup d'explorateurs y sont allés, dans l'espoir d'en ramener une vivante... Aucun n'est revenu !

Une dizaine d'entre eux seulement ont été retrouvés, en pleine forêt vierge, morts, couchés à plat ventre, la culotte aux genoux et le derrière tout rouge... Mais les fessées sauvages avaient disparu.

Quant à la fessée domestique, qui est la fessée banale, vulgaire, celle que nous connaissons tous, elle est élevée, scientifiquement, dans des fermes spécialisées. On couve d'abord les œufs, on les fait éclore, on élève les poussins, et quand les jeunes ont grandi, quand ils sont capables de voler de leurs propres mains et de claquer joyeusement sur de petites fesses, on les envoie, par camions, chez les marchands de fessées qui sont chargés de les vendre, à leur tour, à vos parents.

Un de ces marchands vivait dans une petite ville. Il avait un grand, grand magasin, tout rempli d'immenses cages, et dans ces cages, classées par espèces, vivaient les fessées. Il en avait, je crois, de toutes les races, depuis la petite fessée pour rire jusqu'à la grande fessée d'apparat, qui est réservée aux grosses bêtises. Il avait même, dans une cage à part, un exemplaire très rare de l'Enorme Fessée avec des gants à clous, la plus redoutable de toutes.

Chaque matin, le marchand se levait de bonne

heure, faisait sa toilette, buvait son café, puis il allait de cage en cage pour changer l'eau de ses fessées (les fessées sont très propres et elles exigent de l'eau claire). Ensuite il leur donnait des graines, des épis de plantain, et fixait aux barreaux de chaque cage un petit os de seiche pour qu'elles s'aiguisent le bec. Pendant ce temps il leur parlait, il les flattait, les caressait du bout du doigt sur le sommet de la tête, à travers les barreaux, tout en disant des paroles tendres :

— Eh bien, mes toutes belles, comment avez-vous passé la nuit ? Vous avez bien dormi, j'espère ? Mais oui, vous avez faim, je le sais, vous avez soif aussi, et surtout, et surtout vous avez envie d'un petit derrière ! Mais patience, patience ! Je vous le trouverai ! Avant la fin de la semaine, je vous promets que chacune aura de quoi danser !

Il disait cela pour leur faire plaisir, mais en réalité les affaires marchaient mal. Dans ce pays vraiment bizarre, les enfants ne faisaient presque jamais de bêtises, et les parents n'avaient aucune envie de les punir. De sorte que les fessées restaient au magasin, s'ennuyaient, se morfondaient, devenaient toutes pâles, toutes maigres, toutes mélancoliques. Le brave marchand était au désespoir.

— Que faire ? pensait-il. C'est une calamité, ces enfants toujours sages et ces parents toujours contents ! Si cela continue, mes pauvres petites fessées vont mourir, et moi, je serai ruiné !

Enfin, à force de réfléchir, il lui vint une idée. Il se mit à sortir, le mercredi dans la journée, et aussi le samedi, le dimanche, les jours où les enfants ne vont pas à l'école. Quand il voyait des petits garçons ou des petites filles en compagnie de leurs parents, il se contentait de leur sourire de loin et ne leur parlait pas. Mais quand il en trouvait qui se promenaient tout seuls, ou par groupes, ou qui jouaient entre eux, alors il s'arrêtait, engageait la conversation, leur offrait des bonbons, les faisait rire, et disait sans arrêt des gros mots, de ces mots, vous savez, comme machin... chose... truc... chouette... enfin des gros mots, quoi ! Des mots abominables, que je n'oserais pour rien au monde recopier ici.

Les enfants, qui n'avaient jamais rien entendu de pareil, s'amusèrent beaucoup de ce vocabulaire insolite, apprirent tous ces mots par cœur, les répétèrent à qui mieux mieux... C'était ce que le marchand voulait !

— Maintenant, songeait-il, ils vont rentrer chez eux, répéter ça devant leurs parents, leurs parents seront furieux, ils viendront m'acheter tout plein de fessées pour les punir, et comme ça je deviendrai riche !

C'était très malin de sa part, et la chose aurait pu réussir dans un autre pays, mais dans ce pays-là, qui était vraiment bizarre, cela ne marcha pas. Bien sûr, les petits enfants rentrèrent chez eux ; bien sûr, ils répétèrent tous les gros mots que le marchand leur avait appris, les machinchouette et les trucmuches et les choses d'oseille... enfin quoi, tous ces mots que je ne veux pas répéter ! Mais leurs parents, au lieu de se fâcher, se contentèrent de s'étonner, puis demandèrent :

— Qui donc vous a appris ces mots nouveaux ?

— C'est le marchand de fessées, répondirent les enfants, qui n'étaient pas menteurs.

— Tiens ! Quelle drôle d'idée ! dirent les parents. Enfin ! Si ça vous amuse...

Et les enfants continuèrent de parler ainsi, aussi longtemps du moins que ça les amusa. Et puis, de jour en jour, ça les amusa moins, et bientôt plus du tout. Car les mots de trucchouette, de chosemuche et de machin d'oseille... enfin, bref, les gros mots, sont après tout des mots comme les autres, des assemblages de sons articulés, de voyelles, de consonnes, de syllabes, qui n'ont pas d'autre sens que celui qu'on veut bien leur donner.

Le marchand de fessées avait raté son vilain coup et, dans les cages de son magasin, les petites fessées continuaient à dépérir.

Après avoir dit, lui aussi, quelques gros mots pour se soulager, il se remit à sortir, à parler aux enfants, mais, cette fois, pour les tenter d'une autre manière :

— Quand vous avez envie de quelque chose, leur demanda-t-il, qu'est-ce que vous faites ?

— Nous le demandons à nos parents, répondirent les enfants.

— Et pourquoi donc le demander à vos parents ?

— Pour qu'ils nous le donnent, parbleu !

— C'est complètement stupide ! dit le marchand de fessées. Vous savez pourtant bien qu'une fois sur deux, au moins, les parents disent non, que vous êtes trop jeunes, ou que ce n'est pas bon pour vous... Moi, à votre place, je ne demanderais jamais rien, et je ferais tout ce dont j'ai envie !

Et sur ces mots il s'en alla.

— Il y a du vrai, dit le petit Jean-François. Ainsi moi, l'autre jour, quand j'ai voulu jouer avec l'eau, mes parents n'ont pas voulu.

— C'est comme moi, dit le petit Claude-Pierre, le jour où j'ai voulu jouer avec le feu...

— Et moi, dit le petit François-Claude, quand j'ai voulu jouer avec l'électricité...

— Eh bien, puisqu'il en est ainsi, dirent-ils tous les trois ensemble, à partir d'aujourd'hui, nous ferons tout ce que nous voudrons, sans demander de permission !

C'est ce qu'ils firent, et le résultat, vous le devinez sans doute : le lendemain, la maison de Jean-François fut inondée, et celle de Claude-Pierre prit feu. Quant au petit François-Claude, il mit deux de ses doigts dans la prise électrique, ce qui lui procura des sensations très, très désagréables.

Cependant, même alors, les parents ne se fâchèrent pas. Au lieu de courir chez le marchand, comme celui-ci l'espérait, pour lui acheter chacun une demi-douzaine de fessées bien dures et claquantes, ils soignèrent leurs enfants, réparèrent les dégâts comme ils purent et demandèrent simplement :

— Mais qu'est-ce qui vous a pris ?

— On voulait jouer, dirent les enfants, un peu honteux.

— Une autre fois, demandez la permission, dirent les parents avec douceur. On vous expliquera ce qui est dangereux...

Donc, cette fois encore, il n'y eut pas de punitions, et les pauvres fessées restèrent tristement dans leurs cages, à picorer leur os de seiche.

— Triple chose-chouette de double machin-muche de cinquante millions de trucs d'oseille ! jura le marchand en recourant aux mots les plus corsés de son répertoire. J'ai encore raté mon coup ! Mais comment faut-il faire, chouette-muche de Bon Machin de chose de truc ?

Enfin l'idée lui vint, la Grande Idée, cette fois, l'Idée géniale.

Il fit imprimer tout un paquet d'affiches, il prit un pot de colle avec un gros pinceau et passa toute une nuit à coller, à coller...

Et le lendemain, on pouvait lire sur tous les murs :

Dimanche prochain après-midi,
dans le jardin
du Marchand de fessées,

GRANDE FÊTE
ENFANTINE

avec buffet gratuit, bar, jeux divers
et
UN GRAND
SPECTACLE
DE CIRQUE !

Au programme :

Grande parade de fessées savantes,
Fessées chanteuses, danseuses, musiciennes,
Fessées clowns, acrobates, calculatrices,
Fessées jongleuses, équilibristes, trapézistes,
Fessées écuyères, éfourchettes, écouteaux, éciseaux,
Défilé de fessées, pyramide de fessées,
Escadrille de fessées volantes,
et, pour finir :

LE GRAND BOUQUET FINAL !

Entrée gratuite pour les enfants,
Entrée interdite aux parents !

Inutile de dire que, le dimanche suivant, tous les petits enfants du pays se rendirent chez le marchand de fessées pour y passer l'après-midi. Pour être juste, il faut avouer qu'ils ne furent pas déçus : il y avait de la limonade, de l'orangeade, du cassis et de la grenadine, il y avait des gâteaux mous et durs, des bonbons de tous les parfums, du chewing-gum de toutes les couleurs ; il y avait de la barbe à papa, des crêpes de sarrasin, du nougat, des gaufres, des pommes de terre frites, des marrons grillés,

du fromage blanc, des olives noires, des radis roses, du bleu d'Auvergne, des ballons rouges, des billards électriques, des jeux de boules, de quilles, des tricycles, des bicyclettes, des planches à roulettes et j'en oublie...
Quand les enfants eurent bien bu, bien mangé, bien joué, le marchand les fit entrer dans une grande baraque, sous un grand chapiteau, et là, il leur montra les fessées savantes. Elles étaient toutes enfermées dans une immense cage, et toutes savaient faire quelque chose. Il y en avait qui chantaient, qui dansaient, qui jouaient de l'accordéon, du violon, de la clari-

nette. Il y en avait qui racontaient des blagues, qui faisaient du calcul mental ou qui prédisaient l'avenir. Il y en avait qui montaient à cheval, qui soulevaient des poids lourds, qui faisaient des sauts périlleux, et beaucoup d'autres choses.

Vers six heures et demie, enfin, le marchand annonça le Grand Bouquet final.

— Qu'est-ce que c'est que ça, le Grand Bouquet final ? demandèrent les enfants d'une seule voix.

— Vous allez voir, dit-il, c'est une surprise. Quand je serai parti, vous compterez jusqu'à dix, et puis vous ouvrirez en même temps toutes les portes de la grande cage. Alors, ce sera le Grand Bouquet final !

Après avoir dit cela, il sortit en courant.

A peine avait-il disparu que les enfants, sans même prendre le temps de compter jusqu'à trois, se ruèrent sur la cage et l'ouvrirent toute grande.

Alors, alors, alors...

Alors, mes chers amis, de toutes les grilles ouvertes sortit un nuage, une tornade, un ouragan de fessées bruissantes et crépitantes qui s'élevèrent, s'amassèrent, s'enflèrent comme un orage, puis tombèrent en cascade sur les petits derrières qui s'offraient à elles. Et plif ! et plaf ! et clic ! et clac ! Comme elles étaient heureuses, les petites fessées ! Pensez que, pour la plupart, elles n'attendaient que cela depuis plusieurs années !

Le marchand, qui s'était réfugié dans un coin du jardin, s'arrêta pour prêter l'oreille. Il entendit très bien les fessées qui claquaient,

les petites filles qui pleuraient, les garçons qui criaient... Tout cela lui parut si bon, si amusant, si drôle qu'il ne put plus y tenir et se roula par terre en riant aux éclats.
Mais alors, mais alors, mais alors...
Mais alors, tout à coup, il se fit un grand silence. Aux éclats de rire du marchand, les fessées

cessèrent de battre. Quelques-unes, les plus curieuses, passèrent la tête par l'entrée de la baraque, pour voir, et qu'est-ce qu'elles virent ? Elles virent un gros monsieur, avec un gros derrière, couché à plat ventre sur l'herbe, qui riait à perdre haleine en frappant du poing l'herbe verte.

Alors, alors, alors...

Alors toutes les fessées sortirent en volant de la baraque avec un bruit de tonnerre. Et toutes, elles se précipitèrent sur le marchand, l'immobilisèrent, le déculottèrent, le troussèrent, et schlick ! et schlack ! et splitch ! et splatch ! se mirent à danser sur lui de la belle manière !

Il avait beau crier :

— Mais enfin quoi, vous ne me reconnaissez pas ? Je suis votre marchand, votre ami, votre père ! Reconnaissez au moins la main qui vous a nourries !

En fait de main, les fessées ne voyaient qu'une chose : un gros derrière humain, bien dodu et bien gras, sur lequel elles pouvaient se mettre à dix ou quinze à la fois, sans se gêner le moins du monde !

Et elles y passèrent toutes : depuis les petites fessées rieuses jusqu'aux grandes fessées tragiques, en passant par les fessées folâtres, hâtives, soigneuses, affairées, boudeuses, rancunières, pressées, expéditives, fonctionnelles, baroques, rococo, flamboyantes, rugueuses, caoutchouteuses, érafleuses, écorcheuses, que sais-je encore ?

Enfin la dernière parut, majestueuse, dans un grand silence. C'était la plus âgée, la plus grande, la plus forte, c'était, vous l'avez deviné sans doute, l'Enorme Fessée avec des gants à clous, celle qui fait très, très mal... Toutes les autres, en la voyant, s'écartèrent avec res-

pect... Elle s'éleva lentement, dans la rouge lumière du soir, resta comme suspendue, pendant quelques secondes, au-dessus de sa proie, puis se laissa tomber comme une pierre...
Je n'en dis pas plus, car cette histoire est déjà bien assez longue et assez triste. Sachez seulement que le marchand de fessées resta plusieurs semaines à l'hôpital ; qu'au bout de six mois seulement il put se coucher sur le dos ; qu'au bout d'un an il put s'asseoir, et qu'au bout de deux ans, pas moins, il put marcher avec une canne.
A l'heure actuelle, il est parfaitement guéri, mais il est dégoûté des fessées pour le restant de ses jours : il ne veut plus en vendre, il ne veut plus en voir, il ne veut même plus en entendre parler. Il a refait entièrement sa boutique, rayonnages, peinture et tout, et il vend maintenant des figues sèches, des pruneaux d'Agen, des raisins de Corinthe, des abricots, des amandes, des noisettes et des cacahuètes.
Il arrive encore quelquefois (mais c'est très, très rare) qu'une maman furieuse ou un père indigné entre dans sa boutique en disant :
— Je veux une fessée, vite ! une bonne fessée ! C'est pour mon petit Emile (ou ma petite Ernestine) !

Mais alors le marchand leur répond :
— Vous faites erreur, Madame, vous faites erreur, Monsieur ! Si votre petit garçon, ou votre petite fille, a fait une bêtise, donnez-lui des raisins secs ! Il n'y a rien de mieux pour corriger les enfants !

Et le plus fort, c'est qu'il dit vrai ! Dans ce pays-là, quand un enfant fait une bêtise, on lui donne des raisins secs, et aussitôt il devient sage, travailleur, obéissant et doux.
Mais, comme je l'ai dit, déjà, c'est un pays bizarre !

Sadko

Au nord de la Russie il y avait autrefois, et il y a encore, un lac, un très beau lac, appelé le lac Ilmen.

Au bord de ce lac il y avait, et il y a encore, une ville, une très belle ville, qu'on appelle Novgorod.

Dans cette ville de Novgorod il y avait alors, mais il n'y a plus, c'est bien dommage, un homme qui s'appelait Sadko.

De son métier, Sadko était un cithariste, c'est-à-dire qu'il jouait de la cithare. Si vous avez la chance que ce livre soit illustré, regardez les images, car je suis presque sûr que l'illustrateur a eu la bonne idée de dessiner une cithare : c'est une planche de bois en forme de trapèze rectangle, sur laquelle sont tendues beaucoup, beaucoup de cordes que l'on peut, tantôt pincer avec les doigts, tantôt frapper avec de petits marteaux.

Sadko était donc musicien, mais également chanteur et conteur. Lorsque les riches marchands de Novgorod célébraient un mariage, un baptême, ou bien lorsqu'ils fêtaient entre eux l'arrivée d'un de leurs bateaux plein de belles marchandises étrangères, ils invitaient Sadko, et Sadko leur chantait des chansons, leur disait des poèmes, racontait des histoires

ou les faisait danser au son de son instrument. Or voici qu'un beau jour un gros marchand marie sa fille, et Sadko n'est pas invité.
Le lendemain, c'est un autre marchand qui baptise son petit-fils, et Sadko n'est pas invité non plus.
Le troisième jour, un autre encore voit revenir

de l'Inde un de ses grands bateaux rempli de parfums, d'épices et d'objets précieux. Il invite, le soir même, tous ses amis à un banquet... Mais Sadko n'est toujours pas invité.
Sadko est très vexé d'abord, et puis très triste ensuite, et enfin très inquiet. Ce soir-là, il emporte sa cithare et va s'asseoir, tout seul, sur une pierre, au bord du lac Ilmen. Une fois là, il se dit à lui-même :
— Voyons, qu'est-ce qui m'arrive ? On ne m'invite plus, on m'oublie, on fait la fête sans moi ? Est-ce que je ne joue pas bien ? Mais si, je joue très bien ! Est-ce que je ne connais pas de beaux contes ? Mais si, j'en connais de très beaux ! Est-ce que je ne chante pas de très belles chansons ? Est-ce que je les chante mal ? Je voudrais bien voir ça !
Alors, pour se prouver qu'il a toujours une belle voix, Sadko se met à chanter, tout seul, en s'accompagnant lui-même sur sa cithare.
A la première chanson qu'il chante, voilà que l'eau du lac se met à frissonner. Tiens, comme c'est curieux ! Mais il n'est pas craintif, et il en chante une autre.
A la deuxième chanson qu'il chante, le lac se met à clapoter, avec de petites vagues pointues qui viennent battre la rive. Mais il en faut plus

que ça pour faire peur à Sadko, qui continue de chanter.

Mais voici qu'à la troisième chanson le lac Ilmen se met à bouillonner, puis à fumer comme une marmite sur le feu...

Quand enfin la fumée se dissipe, Sadko voit approcher un cygne, un très beau cygne blanc qui porte une petite couronne sur sa tête gracieuse. L'oiseau approche, touche terre, sort de l'eau, puis se transforme en une belle jeune fille qui lui dit :

— Merci à toi, Sadko, pour tes belles chansons ! Je connais tes soucis, mais à présent ne sois plus triste ! Demain matin, va-t'en trouver les riches marchands de Novgorod et parie avec eux tout ce que tu voudras que tu pêcheras le poisson d'or. Et moi, le poisson d'or, je te le ferai pêcher !

Sadko est si émerveillé qu'il n'a même pas le temps de remercier la belle jeune fille. Celle-ci se retransforme en cygne, plonge dans le lac et disparaît. C'était, bien entendu, l'ondine du lac Ilmen, autrement dit l'une des innombrables filles de l'empereur Vodianoï, qui était alors le dieu de toutes les eaux du monde, qu'elles soient salées ou qu'elles soient douces... Car en ce temps-là il y avait encore des dieux !

Le lendemain matin, Sadko sort de chez lui, puis il s'en va trouver les riches marchands de Novgorod :

— Combien pariez-vous avec moi, leur dit-il, que je pêche aujourd'hui le poisson d'or ?

— Allons donc, tu as trop bu ! disent les marchands mal réveillés en bâillant de toutes leurs forces.

— Si j'ai trop bu, ce n'est vraiment pas votre faute ! répond Sadko avec amertume. Car vous avez fait la fête, hier soir, et vous ne m'avez pas invité ! Mais moi, je vous parle sérieusement : combien pariez-vous que je pêche le poisson d'or ?

— Tout ce que tu voudras ! Le poisson d'or n'existe pas !

— Eh bien, écoutez-moi : ou bien je le pêche,

et vous me donnez dix gros bateaux remplis de marchandises, pour que j'aille les vendre en pays étranger, ou bien je ne le pêche pas, et vous me coupez la tête !

— Eh bien d'accord, tiens, ce sera drôle ! répondent les marchands.

Quelques heures plus tard, Sadko est debout sur une barque, au beau milieu du lac, son filet à la main. Les marchands, les bourgeois de la ville, tout le peuple est massé sur la rive et le regarde pêcher.
Une première fois il jette son filet en criant gaiement :
— Dame du lac, tiens ta promesse !
Il attend une minute, puis il tire doucement... et ne ramène que de la boue. Là-bas, sur le rivage, court dans la foule un léger rire.
La deuxième fois, Sadko jette son filet, il implore, il supplie :
— Gracieuse dame, ne m'abandonne pas ! Tu ne veux tout de même pas me faire couper la tête ?
Il attend deux minutes, puis il tire craintivement... et ne ramène que des herbes ! Cette fois, la foule éclate d'un rire sonore. Elle trouve tout ça très drôle et se réjouit d'avance à l'idée de voir voler la tête du musicien !
Alors Sadko, désespéré, jette son filet pour la troisième fois en invoquant l'ondine d'une façon pressante... Je me suis même laissé dire qu'il lui adresse quelques gros mots ! Il sent déjà sa tête qui n'est plus très solide, qui flageole sur ses épaules... Sans plus attendre il

tire, il ramène à soi le filet... Il est là, le poisson d'or ! Un gros et beau poisson, bien remuant, bien vivace, d'un jaune profond et rougeoyant, dont toutes les écailles et toutes les nageoires sont d'or pur !
Sadko regagne le rivage, son poisson à la main. Du coup, le peuple ne rit plus, et les riches

marchands font une triste figure ! Ils tueraient bien le chanteur, s'ils pouvaient se le permettre, mais c'est impossible : le pari est public, et toute la ville a vu le poisson sortir de l'eau !
Alors ils tiennent leur promesse. Ils ne peuvent pas faire autrement... Dans le grand port de Novgorod, le lendemain matin, dix bateaux sont à quai, que l'on remplit de marchandises russes : du bois, des fourrures, du miel et aussi des esclaves, car à cette époque-là il y avait aussi des esclaves !
Pendant que les bateaux se remplissent, Sadko parcourt les rues, les places, les cabarets, pour recruter un équipage. Tous les jeunes sans emploi, tous les hommes pas trop vieux, costauds et courageux, qui ont envie de s'enrichir et de voir du pays, il les prend avec lui. Peu lui importe que ce soient des fainéants, des voyous, des mendiants, des voleurs ou même pire encore... Quand il en a, comme ça, ramassé deux ou trois centaines, il les fait monter dans ses dix navires, il s'embarque avec eux, il dit adieu à la bonne ville de Novgorod, et en route !
En ce temps-là il y avait, et il y a encore, une rivière appelée le Volkhov, qui débordait du

lac Ilmen pour aller se jeter dans le lac Ladoga, plus au nord.
Il y avait aussi, et il y a encore, un fleuve appelé la Neva, qui sortait du lac Ladoga pour aller se jeter dans la mer Baltique, à la hauteur de Leningrad. Mais il n'y avait pas encore de Leningrad, et c'était bien dommage !
La flotte de Sadko descend donc le Volkhov jusqu'au lac Ladoga, puis la Neva jusqu'à la mer. Une fois en mer elle va très loin, très loin : en Suède, en Allemagne, en Angleterre, en France, à Venise, à Constantinople... Certains

disent même jusqu'en Inde, mais ça, vraiment, je ne le crois pas... Dans tous les ports Sadko s'arrête. Il vend ses marchandises russes, ses fourrures, son bois, son miel et ses esclaves. En échange il achète beaucoup de choses qu'on ne trouve pas en Russie : de l'or et de l'argent, des parfums et des perles, des étoffes, des épices, des objets fabriqués... Il fait aussi un peu de piraterie, quand il en a l'occasion. Ça se faisait, à l'époque...

Au bout de plusieurs mois enfin il se décide à revenir chez lui. Les dix navires font demi-tour... Mais à ce moment-là le vent cesse de souffler. C'est le grand calme qui s'établit, toute la flotte est immobilisée.

Pour les vaisseaux de ce temps-là, c'est une catastrophe. Songez qu'il n'y avait pas de moteur, ni à charbon, ni à pétrole, et qu'ils ne pouvaient avancer qu'à la voile ou, sinon, à la rame. Or c'est très fatigant, la rame, et ça ne va pas loin !

Sadko et ses amis se mettent à réfléchir. Ils comprennent que l'empereur Vodianoï est fâché, ce même Vodianoï dont j'ai déjà parlé, qui était en quelque sorte le Neptune slave, le dieu de toutes les eaux du monde, qu'elles soient salées ou qu'elles soient douces...

Depuis le temps que Sadko vogue sur ses mers, qu'il y fait du commerce et gagne beaucoup d'argent, il n'a pas remercié le dieu, il ne lui a pas fait de cadeau. Or, en ce temps-là, les dieux aimaient beaucoup qu'on leur fasse de beaux cadeaux !

— C'est bon ! Qu'on jette à la mer un tonneau d'or pur !

On jette à la mer un tonneau d'or pur, mais le temps reste calme. Apparemment cela ne suffit pas.

— Qu'on jette à la mer un tonneau d'argent fin ! Plouf ! On jette à la mer un tonneau d'argent fin, mais il faut croire que c'est encore trop peu : rien ne bouge.

— Qu'on jette à la mer un tonneau de perles ! Splatch ! Les perles suivent le même chemin que l'argent et l'or pur, mais le vent ne se lève pas encore.

Cette fois, les hommes se regardent. Leur expression est grave. Ils ont compris que le

Vodianoï exige une victime humaine ou, comme ils disent encore, une “ tête vivante ”. Il faut savoir qu'en ce temps-là les dieux n'avaient pas encore tout à fait perdu la mauvaise habitude de se faire offrir, en holocauste

ou autrement, soit des jeunes filles, soit des enfants, soit même des hommes.

— C'est bien, nous allons jeter les sorts ! dit Sadko.

On apporte sur le pont une grande bassine qu'on remplit d'eau de mer. Chaque homme grave son nom sur une petite plaque d'or et toutes les plaques sont jetées dans la bassine. Une coule au fond, une seule. On la ramasse, on la regarde, elle porte le nom de Sadko.

Sadko devient tout pâle. Il se révolte, il proteste :

— Ces sorts-là ne sont pas justes ! Recommençons !

On prend, cette fois, de petites plaques de bois. Chacun écrit son nom sur l'une d'elles. Quand on les jette dans la bassine, toutes flottent sur l'eau, toutes sauf une seule, qui coule au fond. Cette fois encore, c'est celle qui porte le nom de Sadko.

Le chanteur se met à trembler. Pourtant il se défend encore, il crie de toutes ses forces :

— Ça ne compte pas ! Ces sorts-là ne sont pas bons !

Les hommes, autour de lui, commencent à murmurer. Cependant ils obéissent quand même. On reprend les plaques d'or, comme la

première fois, mais Sadko seul écrit son nom sur une plaque d'écorce. Mais, quand on jette le tout dans l'eau, c'est la plaque d'écorce, et elle seule, qui coule.
Alors Sadko ne résiste plus, il se met à pleurer. Ses amis le saisissent, les uns par les épaules, les autres par les pieds, puis le balancent une fois, deux fois, trois fois, et le jettent à la mer. C'est ce que voulait le Vodianoï, à ce qu'il paraît du moins, car le vent se remet à souffler, les voiles se regonflent et la flotte repart.
Mais que devient Sadko, pendant ce temps ? Il barbote dans l'eau, pendant que les bateaux s'éloignent, il essaie de nager... Au bout de quelques minutes, paralysé de froid et de fatigue, il se laisse couler, comme une clé de fer. Mais voici qu'en coulant il s'aperçoit d'une chose curieuse : il respire dans l'eau, tout aussi librement, tout aussi aisément qu'il faisait en plein air. A ce signe il comprend que l'empereur Vodianoï ne voulait pas sa mort, mais seulement sa présence.
Il descend, il descend. L'eau change de couleur. Elle était d'un vert clair, tout d'abord, elle devient d'un bleu sombre, de plus en plus sombre, et puis franchement noire, complètement obscure, opaque, et l'on n'y voit plus

rien. Sadko sent bien qu'il descend toujours, mais il ne distingue plus la moindre forme, ni la moindre lueur. Et puis voilà que tout en bas, très loin, s'allume une petite lumière jaune. Elle grossit peu à peu, s'étend, devient immense, glorieuse, éclatante... Enfin le musicien touche le fond de l'océan dans une splendeur dorée, devant un grand palais bâti entiè-

rement de corail rouge et blanc, semé de fleurs vivantes, d'anémones de mer, de polypes, d'astéries, tendu de longues algues dont les feuilles, les lames, les filaments s'élèvent tout droit, mollement remués par les courants marins. Le tout est jaune vif, brun violacé, rouge incarnat, vert tendre, bleu chantant. Le plus beau des palais de la terre paraîtrait incolore à côté.

Devant l'entrée monumentale se tiennent plusieurs groupes de gardes bien armés : espadons porte-épée, poissons-scies, requins fuselés aux petits yeux d'émail, au museau plat dissimulant des dents féroces. D'autres poissons encore, pierreux, rocheux, rugueux dardent dans toutes les directions des nageoires aiguës, acérées, venimeuses. De gigantesques poulpes surplombent la grande porte, laissant nonchalamment pendre leurs tentacules, prêts à se laisser choir sur le premier intrus pour le saisir et l'emporter.

Mais Sadko, lui, est attendu, bienvenu et fêté. Deux compagnies de narvals et de brochets de mer se rangent sur son passage, l'accueillent, l'accompagnent. Guidé par eux, il pénètre dans le palais.

C'est un éblouissement. Dans le palais de

l'empereur des eaux, il y a un soleil, comme le nôtre, et une lune, qui brille aussi fort que notre lune à nous. Des étoiles scintillent, sur les plafonds et sur les murs, pendant que d'autres flottent, çà et là, entre deux eaux. Du haut en bas, de long en large, la grande salle est pleine des dignitaires et courtisans du Vodianoï : raies, coquillages, serpents et calamars géants, poissons-tirelires... Autour de ces grosses bêtes circule et virevolte une poussière d'alevins multicolores. Et là-bas, tout au fond, assis sur un trône d'or tout dégoulinant d'algues vertes et brunes, se tient le Maître de

Céans. Sitôt qu'il aperçoit Sadko il l'interpelle d'une voix tonitruante et cordiale :

— Eh bien, mon cher, tu ne viens donc pas me voir ? Il faut que ce soit moi qui aille te chercher ?

Sadko s'incline, s'excuse timidement, mais le Vodianoï enchaîne :

— Ça ne fait rien, je ne t'en veux pas ! Mais, puisque tu es là, tu vas faire danser mes invités !

— Mais je n'ai pas d'instrument ! répond Sadko d'une voix faible. Mes amis m'ont jeté à la mer sans me laisser prendre ma cithare !

Le dieu, cette fois, éclate d'un rire sonore :

— Ne t'en fais pas pour l'instrument ! Avec tous les bateaux qui coulent, j'ai ici tout ce qu'il faut ! Qu'on aille me chercher la plus belle de mes cithares et qu'on la donne à ce monsieur !

Un poulpe complaisant apporte aussitôt une cithare, une magnifique cithare en bois précieux, incrustée d'or, de nacre, bien accordée, douce au toucher, vibrante sous la main... Et Sadko, sans attendre, joue un air à danser.

C'est une merveille que de voir les créatures des eaux glisser les unes autour des autres, se grouper et se séparer, se déployer et s'effacer, dessiner de leurs corps mille décorations

vivantes et mouvantes, remplir ainsi la salle du sol jusqu'au plafond...
— Encore ! crie le roi des mers quand la danse est finie.
Alors Sadko joue un deuxième air, plus gai, plus héroïque. Cette fois, les bêtes marines se rangent, défilent, se côtoient, puis se croisent,

se traversent, simulent dans la salle comme un feu d'artifice, d'une vivacité folle, vertigineux et fascinant.
— Encore ! Encore ! Plus vite ! Plus fort ! crie le Vodianoï.

Sadko, qui a compris, joue cette fois une danse éperdue, trépidante, sauvage. Le spectacle devient grandiose. La foule tout entière semble prise de folie, les animaux de toutes formes, de toutes tailles et toutes couleurs surgissent, disparaissent, s'esquivent en sautant, reparaissent plus loin, reviennent, foncent, s'élèvent et s'abîment. C'est comme un rêve de démence, de violence, de magie, de beauté.

Le musicien ignore, cependant, qu'à la surface des flots sa tumultueuse musique et cette danse échevelée font lever une effroyable tempête.

Mais voilà qu'on entend, brusquement, comme un énorme son de cloche. Le palais a vibré jusqu'à ses fondations. Le soleil cligne, la lune vacille, les étoiles tremblotent. Tous les danseurs s'immobilisent, Sadko cesse de jouer, la lumière baisse, un grand silence règne.

— Voilà qui est fait, dit gravement le roi des mers.

Il descend de son trône et fait signe à Sadko :

— Suis-moi.

Tous deux sortent ensemble. Dehors, devant le bâtiment, gisent plusieurs beaux bateaux qui viennent de couler. D'autres encore sont tombés sur le palais lui-même et se sont empalés sur des aiguilles de corail. Les coques sont crevées, les caisses éventrées, les tonneaux sont disjoints, les mâts sont disloqués,

plusieurs marins noyés sont noués dans les cordages enchevêtrés. Avec horreur Sadko reconnaît ses navires, ses richesses, ses pauvres compagnons. Il frissonne, il recule, il a envie de crier.

— Eh bien, tu es content, j'espère ? dit en souriant l'empereur des eaux. Te voilà vengé !

Alors le musicien comprend tout. C'est exprès, pour lui faire plaisir, que le Vodianoï lui a fait jouer des danses de plus en plus rapides afin de provoquer le naufrage de la flotte et de noyer ses compagnons qui l'ont jeté à la mer... Les créatures des eaux sont insensibles à la pitié, et elles ignorent le pardon.

Que faire ? Le dieu sera offensé s'il voit que Sadko pleure... Alors Sadko ravale ses larmes, s'incline devant le souverain :

— Je te remercie, Ta Majesté, mais je me demande, maintenant que je n'ai plus de bateaux, comment je vais faire pour retourner dans mon pays !

Le roi des mers le regarde avec une expression étrange, et puis il lui répond, avec un petit sourire énigmatique :

— Ne t'en fais pas pour ça, j'y ai déjà pensé !

Il emmène Sadko dans la grande salle des fêtes, le fait asseoir près de son trône, puis il lui dit avec un petit rire :

— Je crois savoir, n'est-ce pas, que tu connais ma fille, l'ondine du lac Ilmen ? Eh bien, si

c'est comme ça, je te la donne en mariage. Tu vas l'épouser ce soir même, tu coucheras avec elle dans une chambre du palais, et tu te réveilleras demain sur le bord de ton lac, tout près de Novgorod. J'y mets cependant une condition : c'est que tu la trouves toi-même et que tu la reconnaisses, parmi toutes mes filles !
Sadko, bien entendu, accepte tout de suite. Il se croit parfaitement capable de distinguer, entre toutes les filles du tsar Océan, celle qu'il a vue au bord du lac... Mais lorsqu'il monte, en compagnie de son futur beau-père, à l'étage supérieur où logent les ondines, il se trouve au milieu d'une foule énorme de jeunes filles, plusieurs milliers, plusieurs millions peut-être, dont chacune est exactement, rigoureusement semblable à chacune de ses sœurs !
Car il en est ainsi : de même qu'une goutte d'eau ressemble à une autre goutte d'eau, toutes les filles de l'océan sont des copies les unes des autres. Elles ont les mêmes yeux profonds, du même vert changeant, le même regard liquide, la même taille ondoyante, les mêmes bras enveloppants, la même démarche souple, les mêmes pieds glissants, les mêmes cheveux verdissants qui frémissent et qui dansent. Et chacune est l'ondine, qui d'une

mer, qui d'un fleuve, qui d'un lac, qui d'une rivière, d'un ruisseau, d'une source ou d'une simple mare...

— Maintenant, fais ton choix ! dit le Vodianoï. Et surtout, ne te trompe pas ! Car si tu épousais, par erreur, l'ondine du Nil, tu te retrouverais demain matin sur les bords du Nil, c'est-à-dire en Egypte ! Et si c'était l'ondine de l'Indus, tu te retrouverais en Inde. Et si malheureusement tu choisissais l'ondine de l'Amazone, tu te retrouverais en Amérique du Sud ! Alors, fais attention !

— L'Amazone ? L'Amérique du Sud ? Qu'est-ce que c'est que ça ? murmure le musicien. Je n'ai jamais entendu ces deux noms...

— Justement ! L'Amazone est un fleuve inconnu de vous autres, et l'Amérique du Sud est un pays que vous n'avez pas encore découvert ! Si tu t'y retrouvais, tu ne reverrais plus jamais la Russie !

Tout cela, vous le pensez bien, n'est nullement innocent de la part du Vodianoï. Ce qu'il voudrait, le vieux rusé, c'est que Sadko renonce à le quitter, c'est le garder auprès de lui, pour jouir de sa musique.

A la vue de tous ces visages, qui ont l'air de n'en être qu'un seul, mais copié, répété, reproduit

et multiplié à des milliers d'exemplaires, le pauvre cithariste se sent accablé. Il demande timidement :

— Est-ce que je peux au moins... leur poser des questions ?

L'empereur des mers sourit avec malice :

— Pose-leur toutes les questions que tu veux, mais moi, je leur défends de répondre, ni par un mot, ni par un geste, ni même par un sourire ! Et gare à celle qui me désobéira ! D'ailleurs je reste ici pendant que tu fais ton choix. Vas-y, maintenant, cherche !

Alors, plutôt que de rester là, morose, à ne rien faire, Sadko se met à chercher. Il avance, au petit bonheur, dans la foule des jeunes filles, il demande à l'une, puis à l'autre :

— Est-ce toi, l'ondine du lac Ilmen ?

Mais aucune ne répond, ni par un mot, ni par un geste, ni même par un sourire. Elles le regardent, simplement, d'un regard neutre, vide, inexpressif, sans sympathie comme sans hostilité. Alors il continue :

— Est-ce toi, l'ondine du lac Ilmen ?

Rien, toujours rien, pas un clin d'œil, pas un murmure. On sent que ces demoiselles sont très, très bien élevées, et qu'elles ont grand-peur de leur père !

Cela dure une heure, deux heures, deux heures et demie, trois heures... Au bout de trois heures, cependant, comme il est près d'abandonner, le musicien distingue, au-dessus d'une des têtes, un petit poisson d'or, comme celui qu'il a pêché jadis, mais de taille plus réduite. Il a comme un soupçon. Il s'approche de la fille qui est juste au-dessous du poisson :

— Est-ce toi, l'ondine du lac Ilmen ?

La fille ne dit rien, elle non plus, elle ne fait pas un geste et son visage reste impassible.

Mais le petit poisson, là-haut, s'agite avec entrain, frétille joyeusement de la queue et fait oui de la tête.

Alors Sadko prend la demoiselle par la main, puis il la conduit à son père :

— C'est celle-ci que je veux épouser !

Le Vodianoï qui, lui, connaît bien toutes les filles, la regarde. Sa bouche s'ouvre, ses yeux s'arrondissent. Puis il fronce les sourcils :

— Comment as-tu deviné que c'était elle ?

— Eh bien voilà, j'ai deviné..., répond Sadko modestement.

— Tu es plus malin que je ne pensais, dit le dieu, légèrement déçu. Mais enfin tu as gagné. Je n'ai qu'une parole !

En réalité, vous l'avez bien compris, ce n'est pas lui qui est malin, c'est elle ! C'était même drôlement malin de sa part d'avoir trouvé ce moyen, sans désobéir à son père, sans un mot, sans un geste, sans même un sourire, pour se faire reconnaître !

Le soir même, on célèbre la noce, une noce à tout casser. Et de nouveau l'on fait de la musique, on danse, on danse tant et si fort que ça provoque une tempête épouvantable, encore pire que la première ! Les bateaux pleuvent, littéralement, sur le fond de la mer ! Mais

Sadko, cette fois, est tellement heureux qu'il n'y fait même pas attention !

Lorsque tout le monde est fatigué, on le conduit, avec sa jeune femme, dans une chambre magnifique, toute meublée de corail et d'or, décorée de nacre et de perles. Ils se couchent tous les deux sur un lit de varech et d'herbe marine, et s'endorment la main dans la main.

Le lendemain matin, au lever du soleil, mais de notre soleil à nous, Sadko se réveille seul, couché sur l'herbe verte, au bord du lac Ilmen, ainsi que l'empereur des eaux le lui avait promis.

Il reconnaît parfaitement l'endroit. C'est là qu'il est venu, un certain soir qu'il était triste, pour chanter ses chansons devant les eaux du lac. Non loin de là, il voit briller, par-dessus de hauts murs, les coupoles dorées des églises de Novgorod.

Depuis ce jour et jusqu'à la fin de sa vie, Sadko le cithariste est resté le musicien le plus heureux du monde. Chaque fois qu'il y avait un mariage, un baptême, il était invité. Bien plus : pas une seule fête, même petite, ne se passait sans lui. Un jour sur quatre, un jour sur trois, quelquefois même un jour sur deux, on le priait de venir, soit chez l'un, soit chez l'autre, on lui donnait à boire, à manger, de l'argent et de beaux habits... En échange il chantait, il jouait de la cithare, il disait de beaux contes et surtout, et surtout, racontait son voyage. Car parmi ses récits, celui qui plaisait le plus et qu'on lui demandait sans cesse, parce que personne ne se lassait de l'écouter, c'était celui de ses aventures sur mer et au fond de la mer.

Le voyage de Saint-Déodat

Ceci est l'histoire d'un village, situé en pleine campagne française, qui voulut un beau jour devenir un port de mer. Et vous verrez comment il y est arrivé, pas tout seul à vrai dire, mais avec l'aide d'un petit garçon.

Bien sûr, vous ne me croyez pas. Vous n'imaginez même pas qu'une agglomération, située dans le Val de Loire, ait pu quitter, comme ça, son lieu d'origine pour aller se fixer sur la côte atlantique. Et c'est pourtant ce qui est arrivé.

D'ailleurs, pour que vous sachiez bien que je ne vous mens pas, je vous dirai tout de suite que cette histoire est la mienne. Mais oui, parfaitement, c'est à moi qu'elle est arrivée ! Le village en question, c'est moi-même !

Je m'appelle Saint-Déodat. A l'époque dont je vous parle, c'était un peu avant la Seconde Guerre mondiale, je comptais un peu moins de deux mille habitants et je m'étendais sur un peu plus d'un kilomètre, quelque part entre Blois et Beaugency, le long de la rive gauche de la Loire, donc au sud, du côté de la Sologne, pas très loin de Chambord.

Il faut que vous sachiez aussi que je suis fort ancien, car j'existais déjà du temps de la Gaule romaine. J'ai même vu passer l'armée de Jules César ! Je crois la voir encore : elle empruntait

une route (je veux dire une route pour l'époque : aujourd'hui ce serait un sentier), une route dis-je, qui est devenue depuis l'une de mes petites ruelles. Plus tard, le roi François Ier s'est arrêté, pour y dormir, dans une de mes maisons, qui était celle de la Belle Ferronnière. Catherine de Médicis, elle aussi, est passée par moi. Il est vrai que, celle-là, elle est passée partout, dans la région... Plus tard encore Mme de Sévigné m'a vu, comme elle descendait, ou remontait, la Loire en bateau, je ne sais plus au juste.

C'est qu'en effet, de ce temps-là, la Loire était navigable jusqu'à ma hauteur, et même encore

plus en amont, jusqu'à Orléans. Seulement voilà : le grand roi Louis XIV a eu besoin de bateaux, de beaucoup de bateaux, pour se faire une marine. Alors il lui fallait du bois, beaucoup de bois. Pour en avoir, il a fait abattre des arbres, beaucoup d'arbres, dans le Massif central. Le terrain granitique, n'étant plus protégé par la végétation, s'est alors effrité, érodé, usé. Il est parti en tout petits morceaux qui, entraînés par les eaux de pluie, ont ensablé le lit de la Loire, et c'est ainsi que celle-ci a cessé d'être navigable… Au XVIIe siècle, il n'y avait pas encore d'écologistes pour dire au roi qu'il faisait des bêtises. Je soupçonne d'ailleurs que, s'il y en avait eu, le roi les aurait fait mettre en prison, car pour lui, ce qui comptait avant tout, c'était la grandeur de la France !
En souvenir du temps où les bateaux de marchandises venaient à moi de Nantes, de Saint-Nazaire ou de plus loin encore, il y avait, sur mon quai, ici et là, de grandes dalles, portant chacune un gros anneau de fer, où les embarcations pouvaient venir s'amarrer. Elles existent encore, ces dalles, seulement les gros anneaux ne font plus que se rouiller, car ils ne servent plus à rien ni à personne.

Il y avait enfin, à quelque distance de moi en aval, mais quand même dépendant de ma commune, un château : le château de Cracougnasse, habité par le comte du même nom. Ce n'était pas un grand château, comme Chenonceaux, Amboise ou même Cour-Cheverny, mais un vrai château tout de même, quoique un peu délabré, avec trois tours qui rappelaient les anciennes forteresses. D'ailleurs moi-même, Saint-Déodat, j'avais des murs, mais oui, de vrais petits remparts, qui donnaient sur le fleuve, avec de petites tours, en souvenir de l'époque où j'étais fortifié, moi aussi.

Mais écoutez maintenant ce qui m'est arrivé.

Le 16 juillet 1935, le comte de Cracougnasse est arrivé dans son château, comme tous les ans à la même époque, pour y passer les vacances d'été auprès de sa mère qui, elle, y demeurait toute l'année durant. Cette fois, cependant, il n'arrivait pas seul : il amenait avec lui une famille parisienne qui se composait de trois personnes :

M. Barbichou, qui avait de la barbe sur les joues !

Mme Barbichou, qui avait aussi de la barbe, mais pas beaucoup.

et le petit Paul Barbichou, qui n'avait que dix ans, et pas de barbe du tout.

Tout ce monde a été accueilli par la comtesse de Cracougnasse, et logé dans la vieille demeure.

C'était le comte en personne qui avait invité cette famille. Il avait pour cela d'excellentes raisons : il voulait emprunter une grosse somme d'argent à M. Barbichou, afin de restaurer le château de ses ancêtres et le transformer en hôtel. Après cela, disait-il, en louant des chambres pour l'été, il pourrait regagner très vite assez d'argent pour rembourser sa dette, en payant même des intérêts.

Mme Barbichou était favorable à ce projet. Elle était très flattée, d'abord, de pouvoir aider une famille noble à se sortir d'une situation médiocre. Et puis le comte lui plaisait beaucoup parce qu'il était poli, bien élevé, bien habillé, rieur, soigneux de sa personne, parce qu'il avait toujours des chaussures bien cirées, le menton bien rasé, les ongles propres et qu'il sentait bon.
M. Barbichou, lui, hésitait encore. D'abord, plutôt que de venir à moi, il aurait préféré passer son congé annuel au bord de la mer, comme l'année passée. Ensuite il ne partageait pas l'admiration de sa femme pour le comte de Cracougnasse.
Mais le plus déçu, c'était Petit Paul. Il n'aimait, lui, que la mer. Il se rappelait avec regret le sable fin, les bains dans l'eau salée, les coquillages, les rochers, les promenades en bateau, les crabes, les crevettes, les poissons, les méduses, toutes les bêtes curieuses qu'on peut voir sur une côte... De plus, puisqu'il faut tout vous dire, il était jaloux, Petit Paul. Il détestait le comte de Cracougnasse, il trouvait que ce monsieur tenait beaucoup trop de place dans la famille, et que ses parents lui prêtaient beaucoup trop d'attention !

Mais il n'y avait rien à faire, c'était maman qui commandait. Et l'opinion de maman, c'était que le séjour au bord de la mer était trop coûteux, que les gens y étaient trop bêtes et que d'ailleurs la brise marine est très mauvaise pour les tempéraments nerveux. Or tous les Barbichou étaient de grands nerveux...

Petit Paul n'avait plus qu'à se consoler en prenant, avec son papa, quelques bains dans la Loire. Car il y avait, à ma hauteur, dans le fleuve, une île, que l'on pouvait gagner à pied sec en été, quand les eaux étaient basses, avec une plage de sable.

Dans les derniers jours de septembre, à l'époque où, sur l'océan, d'énormes vagues se ruent à l'assaut du rivage, M. et Mme Barbichou, accompagnés du comte, sont allés chez le notaire, mon notaire, dont l'étude s'ouvrait dans ma rue principale, pour signer un papier comme quoi le couple prêtait au comte beaucoup, beaucoup d'argent, je ne sais plus combien... Après cela, tout le monde est reparti pour Paris, ne laissant au château que la vieille comtesse.

Un an plus tard, c'est-à-dire en juillet 1936, le comte est revenu, ainsi que les Barbichou, mais ces derniers, cette fois, n'ont pas logé dans le château, puisque de grands travaux devaient s'y effectuer. Ils ont loué deux chambres à l'hôtel du Baroque, dont les jardins donnaient sur le quai de la Loire. Puis ils sont retournés chez le notaire, mais le père et la mère seulement, pour acheter une maison. Le Petit Paul était de plus en plus déçu. Jusque-là il avait espéré, plus ou moins confu-

sément, que ses parents se fâcheraient avec le comte, se dégoûteraient de moi, du château, de la campagne, et que toute la famille retournerait à la mer, sinon cette année-ci, du moins l'année suivante. Mais, la maison une fois acquise, il était évident qu'elle ne resterait pas vide, et qu'on y reviendrait.

Le plus drôle, c'est qu'en effet les Barbichou se sont fâchés avec le comte, l'été suivant, en 1937. Car au lieu d'utiliser l'argent qu'il avait emprunté à des travaux de réfection dans sa vieille demeure, M. de Cracougnasse avait préféré le dépenser à Paris, je n'ai jamais su à quoi d'une façon précise. Mme Barbichou, surtout, était très mécontente... Quant au remboursement, il était reporté à plus tard, bien plus tard... En fait, je peux vous le dire tout de suite : les parents du Petit Paul n'ont jamais revu l'argent qu'ils avaient avancé.

Seulement voilà : pour Petit Paul, c'était trop tard. Ses parents possédaient la nouvelle maison, l'avaient aménagée, rafistolée, meublée. Ça leur avait coûté très cher, et ils entendaient bien en profiter le plus possible. Ils continueraient donc de revenir, tous les ans, avec cette seule différence qu'ils ne fréquenteraient plus les gens du château. Petit Paul se voyait, pour

longtemps, très longtemps, séparé de la mer. C'est alors qu'il s'est mis à rêver.

Je suivais toutes ses pensées, du moins quand il était en moi. D'une façon générale, j'ai l'habitude de suivre, jour après jour, toutes les pensées de mes habitants, car mon âme, après tout, n'est pas autre chose que la leur... Mais ses pensées, à lui, me plaisaient particulièrement, me paraissaient profondes, poétiques, touchantes.

La première fois, c'était une nuit de la première quinzaine d'août, en 1937. Il avait fait très chaud, la journée précédente. Les pierres, les murs, les maisons, qui avaient absorbé toute la chaleur du jour, continuaient de la dégager, même après minuit. Quand on venait des champs, qui avaient tout de suite fraîchi, on s'en apercevait immédiatement. Petit Paul dormait dans sa chambre, sur son lit, à peine couvert, la fenêtre ouverte. Dans son sommeil il entendait vaguement quelque chose qui tintait, susurrait, murmurait. Il ne savait pas trop si c'était le chant des grillons, son propre sang dans ses oreilles, ou seulement le silence, ce grand silence de la campagne endormie, si extraordinairement profond qu'on le perçoit comme une rumeur. En rêve, Petit Paul se levait, descendait l'escalier, sortait de la maison, marchait jusqu'au bout du jardin. Mais le jardin était devenu si long, si long qu'il aboutissait, non plus au quai de la Loire, mais au bord de la mer ; à une grande plage de sable où de grandes vagues noires, brillantes et veloutées, venaient de loin, très loin, mourir en murmurant les unes après les autres. Tout près de là, derrière une avancée de rochers, se devinait la présence d'un petit port de pêche, et ce petit port était moi, oui bien, moi-même, Saint-Déodat, tel que Petit Paul me voyait dans son rêve.

J'étais profondément ému. Les paysans qui m'habitaient ne rêvaient pas beaucoup, et jamais à d'aussi jolies choses. J'avais comme une envie d'obéir à ce petit garçon, et de me transporter au bord de l'océan. Je me souvenais, après tout, d'avoir été un port, et ça m'aurait bien plu, tout compte fait, de le redevenir...

Bien sûr, ce n'était qu'un rêve. Je rêvais, moi aussi. Je ne croyais même pas que la chose fût possible. Et Petit Paul ne le croyait pas non plus. Il se consolait de son mieux, le pauvre môme, en imagination. Nous nous consolions tous les deux, lui de sa nostalgie comme moi

de la mienne. Nous ingnorions encore que l'imagination est une force, une force véritable, énorme, qui travaille lentement, dans la patience et le repos, mais souvent supérieure à la volonté même.

Pendant tout cet été, jusqu'à la fin du mois de septembre (car à cette époque-là les écoles ne rouvraient qu'aux premiers jours d'octobre), Petit Paul a rêvé, quasiment chaque nuit, qu'il descendait dans son jardin jusqu'à la mer, tantôt pour y nager, tantôt pour y pêcher, souvent aussi pour naviguer dans une embarcation magique. Et moi, je rêvais avec lui.

L'automne suivant, une fois les Barbichou revenus à Paris, j'ai essayé, pour voir, d'envoyer une partie de moi-même sur la côte atlantique. A ma grande surprise, du premier coup, j'ai réussi. Une des dalles de mon quai, avec son gros anneau de fer, s'est transportée, un beau matin, tout au bord de la mer, dans une petite crique, un abri naturel complètement désert, mais qui pouvait très bien servir à constituer un miniport de pêche. Tout à côté, une plage de sable fin descendait en douceur jusqu'au ras des vagues. Le site était pareil, exactement pareil à celui dont nous rêvions, Petit Paul et moi.

Les gens de Saint-Déodat ne se sont aperçus de rien. Le surlendemain seulement, une petite vieille avec son petit vieux, qui se promenaient dans le secteur, en ont dit quelques mots. Le petit vieux, d'abord, a grommelé vaguement :

— Dis donc, la vieille, est-ce qu'il n'y avait point une grosse pierre, ici, avec un anneau ? Quoi donc qu'elle est devenue ?

Mais la vieille a haussé les épaules :

— Penses-tu ! Si elle y avait été, elle y serait encore, pas vrai ? Qui veux-tu qui l'ait prise ?

— Ouais, ouais, a fait le vieux d'un air de doute et d'indifférence, et il n'en a plus soufflé mot.

Encouragé par ce résultat, j'ai transporté, la nuit suivante, un lampadaire, qui s'est mis à briller, chaque soir, pour lui seul, sur la crique, au milieu des embruns à l'odeur de sel. Et puis ç'a été le tour de quelques pans de murs, isolés et croulants, qui ne servaient à personne. Ensuite j'ai envoyé, sur mon nouvel emplacement, trois ou quatre maisons : une en ruine, isolée, puis une autre, restée entière mais complètement vide et que personne n'habitait plus depuis au moins deux générations, puis deux autres enfin, qui étaient

occupées, mais par de pauvres gens, presque dans la misère.

Alors seulement mes habitants se sont un peu émus. M. Dalors, qui était mon maire, a fait des recherches. Il a cru tout d'abord que de mauvaises gens venaient voler les pierres. Mais quand on lui a dit que les bâtiments disparus se trouvaient à trois cents kilomètres de là, sur la côte vendéenne, il a voulu résister. Il a fait revenir, à grands frais, le lampadaire de la commune, parce que c'était le seul et qu'il avait coûté très cher à la municipalité.

De son côté, l'abbé Cédaire, qui était mon curé, parlait d'exorciser le village, c'est-à-dire moi-même. A ce qu'il prétendait, c'était le diable en personne qui me hantait, me possédait, avec la permission de Dieu, bien sûr, pour me punir de mon impiété. C'était une calomnie : je n'ai rien à voir avec le diable, et je n'ai même pas l'honneur de connaître ce monsieur. Je dois avouer cependant que mes braves citoyens n'allaient guère à l'église, si ce n'est pour les baptêmes, les mariages et surtout les enterrements. A part cela, le dimanche matin, les hommes bricolaient chez eux, ou allaient au café, pendant que leurs femmes, leurs filles (et encore pas toutes !) assistaient à la messe. La religion, chez nous, c'est comme la cuisine et le soin des moutards, c'est l'affaire des femmes.

Dès les premières semaines de janvier 1938, la petite guerre a commencé pour de bon entre moi d'une part, mon maire et mon curé de l'autre. J'ai renvoyé d'abord le lampadaire au bord de l'océan, et puis, presque aussitôt, j'y ai transféré plusieurs habitations, avec les familles qui les habitaient, rien que pour voir un peu ce que ça pouvait donner !

Deux ou trois de ces familles sont revenues, dans les jours qui ont suivi. Elles préféraient apparemment leurs champs à leur demeure. Les autres, pas contrariantes, sont restées près de la mer, se sont mises à pêcher, à cultiver tranquillement les terres avoisinantes...

Dès lors, ma petite population s'est divisée en deux parties : les uns, qui avaient compris où je voulais en venir, acceptaient de me suivre ; les autres s'accrochaient sauvagement à leur sol. Ils refusaient de savoir, ils refusaient de comprendre, ils soutenaient mordicus qu'il fallait résister jusqu'au bout à ce qu'ils appelaient les entreprises du démon. Mon maire et mon curé, vous vous en doutez bien, étaient de cet avis.
Alors moi, dans la nuit du premier samedi au premier dimanche de février 1938, j'ai frappé un grand coup : j'ai transporté cette fois mon église tout entière dans mon nouveau site. En arrivant, ce matin-là, pour dire sa messe, l'abbé Cédaire n'a retrouvé du lieu sacré que la place vide. Le pauvre homme s'est mis alors à faire des signes de croix dans toutes les directions, puis il m'a parcouru, d'une maison à l'autre, en demandant aux paysans de lui donner beaucoup d'argent pour construire un nouveau sanctuaire... Malheureusement pour lui, mes braves paroissiens n'ont pas donné, sinon, par-ci par-là, des sommes ridicules. Mettez-vous à leur place ! Eux-mêmes se demandaient s'ils n'allaient pas bientôt suivre le même chemin que leur église, avec leurs fermes et

leurs bestiaux ! A quoi bon reconstruire, dans ces conditions ?
Monsieur l'abbé, dès lors, a cessé de lutter. Si la demeure du Seigneur elle-même, disait-il, s'est envolée comme par magie, c'est sans doute

que Dieu l'a voulu. En l'entendant parler ainsi, le maire, M. Dalors, s'est fâché tout rouge :
— Et la peste, mon père, et toutes les maladies ? Dieu les a bien voulues aussi, pas vrai ? Est-ce que c'est une raison pour ne pas se soigner ?
Mais le bon prêtre ne résistait plus. Voyant

qu'il passait de mon côté, je ne lui ai pas laissé le temps de se repentir et je l'ai proprement expédié, la nuit suivante, auprès de son église, avec son presbytère, sa servante et son chat.
Pendant les mois suivants, j'ai continué, sans hâte mais sans cesse, à transporter mes villageois, leurs maisons, leurs outils, leur bétail. J'ai commencé, bien sûr, par les plus favorables, ceux qui se résignaient à leur nouvelle vie. Les autres, pendant ce temps, réfléchissaient encore et discutaient entre eux. C'étaient généralement les gros paysans riches, ceux qui avaient les plus belles terres de la commune. Ceux-là, je me les gardais pour l'acte final !
Enfin, le 17 juillet 1938, les Barbichou sont revenus, comme de coutume, pour les vacances, et se sont installés dans leur maison, à laquelle je n'avais pas touché. Le lendemain de leur arrivée, bien sûr, ils ont appris, par les commerçants, tout ce qui s'était passé dans le courant de l'hiver. Pendant des jours, pendant des nuits surtout, je les ai suivis attentivement, eux, leurs pensées, leurs rêves.
Mme Barbichou n'était pas tranquille. Cette histoire-là ne lui plaisait guère. Mais j'ai vite compris qu'elle s'était attachée à ses murs

beaucoup plus qu'au pays lui-même. Au fond, depuis sa rupture avec le comte de Cracougnasse, il lui importait assez peu d'être ici ou là. Ce qu'elle craignait surtout, c'était que la maison souffre pendant le voyage. Elle ne me connaissait pas...

M. Barbichou, lui, était indifférent. Il ne détestait pas la campagne, mais préférait la mer. Ce qu'il désirait surtout, c'était d'éviter les scènes, les discussions, les histoires. D'un caractère facile, placide et confiant, il avait pris le parti d'être toujours heureux !

Petit Paul, lui, m'avait compris dès le premier jour. Son cœur et le mien, c'était le même.

Le 30 juillet à trois heures du matin, j'ai dit adieu à ma bonne vieille Loire et je me suis envolé tout entier, sans retour, jusqu'au bord de la mer, avec cette fois ma perception, mon bureau de poste, ma mairie, mes sapeurs-pompiers, mon médecin, mon notaire, bref, toutes mes puissances et toute mon administration. Je n'ai laissé en son lieu que le château de Cracougnasse, qui ne m'intéressait pas. J'ignore même et je veux ignorer s'il existe encore aujourd'hui.

Pour ce qui est de la maison des Barbichou, je l'ai fait voyager avec une douceur toute parti-

culière, sans une trépidation, sans même une secousse. Pas un carreau ne s'est cassé, pas un meuble ne s'est déplacé, pas une lame de parquet n'a grincé. Je lui avais réservé tout exprès le plus bel emplacement, pas loin du port, mais sur la plage, de sorte qu'arrivé au bout de son jardin, Petit Paul n'avait plus qu'à franchir une grille et à traverser une rue pour se trouver au bord de la mer, exactement comme dans ses rêves.

Je m'attendais à quelque résistance de mes gros paysans, mais non. Ils regrettaient leurs terres, c'est sûr, les hommes juraient, geignaient, les femmes pleuraient un peu... Au fond d'eux-mêmes pourtant ils n'étaient pas si malheureux. C'est qu'ils avaient caché, depuis déjà longtemps, dans l'épaisseur de leurs murs, des liasses de papiers, des titres, de l'argent, bref, des tas de valeurs auxquelles ils tenaient par-dessus tout ! Alors ils ont vendu leurs terres du bord de la Loire à d'autres villageois des communes voisines, pour acquérir de nouveaux champs là où je les avais mis, et ils ont continué de s'enrichir. A l'heure où je vous parle ils continuent encore.

Mon maire, M. Dalors, a très bien réagi, je dois le dire. C'était un homme réaliste, et un excellent administrateur. Quand il a vu qu'il n'y avait plus d'espoir de revenir au passé, il a bravement pris son parti de la situation nouvelle et il a tout organisé pour le bon fonctionnement de sa commune.

Il est mort, maintenant. Il y a eu depuis, et la drôle de guerre, et l'occupation, et la Quatrième République, puis la Cinquième. Les parents du Petit Paul sont morts également, mais Petit Paul et moi nous avons réalisé notre rêve. Je suis toujours un port de mer et j'entends, comme on dit, le rester. Mon ami le vieux Paul (car il est vieux maintenant) n'habite plus Paris. Il s'est retiré en moi, dans sa maison, au bord de l'eau, pour vivre sa retraite. Il coule en ce moment des jours paisibles en regardant se briser les vagues qui viennent de loin, très loin... Nous nous aimons toujours beaucoup, lui et moi.

Madame la terre est basse

Dans le pays d'ici, à moins que ce ne soit le pays de là-bas, celui d'ailleurs ou d'autre part, il y avait une paysanne. Elle avait des champs et des prés, un mari pour les cultiver ; elle avait une ferme avec salle à manger, chambre, cuisine et cheminée ; elle avait des chevaux, des vaches et des veaux, des oies et des lapins, des poules, des poussins, des dindes, des dindons, des canes, des canetons, beaucoup de choses encore... Elle travaillait énormément, pour la bonne raison qu'elle ne pouvait faire autrement, mais avec tout cela, pourtant, elle était négligente, indolente, malpropre, gâcheuse et tellement paresseuse qu'elle ne balayait jamais, jamais ne se donnait la peine de ramasser ce qui était tombé.

C'est pourquoi tous les gens du pays, au lieu de l'appeler par son nom, lui avaient donné un surnom. Ils l'appelaient Mme *La-terre-est-basse.*

Un beau matin, revenant de l'écurie, Mme La-terre-est-basse ramène dans la maison une longue paille qui s'est collée sous son sabot. Cette paille, au bout de quelques pas, se détache, et la voilà qui reste là, sur le carreau. Elle s'étonne, elle s'interroge :

— Mais qu'est-ce que je fais ici ? Ma place est

à l'écurie ! J'espère au moins que cette dame va me jeter dehors !
Alors elle se met à crier :

Au secours, La-terre-est-basse !
Je ne suis pas à ma place !
Prends ton balai, je te prie,
Et pousse-moi hors d'ici !

Mais croyez-vous que la fermière l'a balayée ? Pensez-vous ! Elle ne l'a même pas écoutée ! Une minute plus tard, on entend une petite explosion : paf ! dans la cheminée. C'est une bûche qui éclate, en même temps qu'une belle braise, toute brûlante et rouge, vient rouler près de la paille. Elle aussi s'interroge, se pose des questions :

— Qu'est-ce que je fais ici, au milieu de la salle ? Ce n'est pas ma place ! J'espère que cette dame va prendre les pincettes et me rejeter dans la cheminée !

Elle aussi s'est mise à crier :

Au secours, La-terre-est-basse !
Je ne suis pas à ma place !
Ramasse-moi, je le veux.
Rejette-moi dans le feu !

Vous croyez peut-être que la fermière s'en est aperçue ? Pas du tout ! Elle n'a même pas entendu !

Cinq minutes plus tard, Mme La-terre-est basse est assise à sa table et commence à écosser des haricots. Tout en les écossant, elle fait tomber les grains dans un grand saladier. Mais voilà que, sur un faux mouvement, un petit haricot blanc lui échappe des mains, tombe sur le sol, roule, roule, et s'arrête à côté de la paille et de la braise.

— Qu'est-ce que je fais ici ? s'écrie-t-il. Ma place n'est pas par terre, mais dans le saladier, avec tous mes frères ! J'espère bien que cette dame va se donner la peine de me ramasser !

Au secours, La-terre-est-basse !
Je ne suis pas à ma place !
Tu pourrais bien te baisser !
Jette-moi dans le saladier !

En entendant cela, la paille et la braise, qui ont enfin compris, commencent à se moquer de lui :
— Pauvre vieux, tu te fais des idées ! La dame t'a déjà oublié !
En effet, croyez-vous que la dame s'est émue ? Pas question ! Elle n'a rien remarqué, rien vu ! Elle a fini d'écosser ses haricots, puis elle les a jetés dans la marmite et les a mis à cuire, sans même faire attention à celui qui était par terre.
Après cela, elle a voulu recoudre un bouton à la veste de son mari. Elle a pris du fil noir, elle a pris une aiguille, puis elle a essayé d'enfiler l'une avec l'autre.
La première fois, elle l'a ratée : zut !
La deuxième fois, elle l'a ratée : crotte !
La troisième fois, elle l'a ratée encore : flûte !
La quatrième fois, quand même, elle a réussi.

Heureusement ! Qu'est-ce qu'elle aurait dit ? Mais quand elle veut saisir, d'une main le veston, de l'autre le bouton, voilà que l'aiguillée de fil lui échappe, glisse sur sa robe et tombe par terre, juste à côté de la paille, de la braise et du petit haricot. Très vexée, elle proteste aussitôt :
— Voyons, qu'est-ce que je fais ici ? Ma place n'est pas par terre, mais dans le nécessaire à ouvrage ! J'espère bien que cette dame va m'y remettre sans tarder !

Au secours, La-terre-est-basse !
Je ne suis pas à ma place !
Ne me laisse pas ici,
Remets-moi dans mon étui !

En l'entendant crier ainsi, la paille, la braise et le haricot s'esclaffent :
— Non mais, vous l'entendez ? Les idées qu'elle se fait, celle-là ! Ma vieille, tu peux toujours attendre !
Croyez-vous, en effet, que la fermière l'a ramassée ? Pas une seconde elle n'y a songé ! Elle s'est recoupé une longueur de fil, elle a choisi une autre aiguille, elle l'a enfilée, puis elle a recousu le bouton de la veste et ne s'est plus occupée du reste !

Quand l'aiguille a compris qu'elle allait rester là toute la nuit, peut-être plusieurs jours et même toute l'année, elle s'est redressée, puis elle a prononcé, d'un air pincé :

— Je vois, je vois… Dans ce cas, mes chers amis, je vais vous dire une chose : vous ferez ce que vous voudrez, mais moi, je ne resterai pas une minute de plus dans la maison d'une dame aussi peu soigneuse ! Je m'en vais parcourir le monde !

— Tiens ! c'est une bonne idée ! ont répondu les trois. Eh bien, si tu le veux, nous allons avec toi !

Et les voilà partis tous les quatre : d'abord la paille, qui marche sur deux brins, parce qu'elle est un peu fendue ; ensuite la braise, bien belle, bien rouge et bien brûlante, qui glisse sur la sente ; ensuite le haricot, qui progresse par petits sauts, et pour finir l'aiguille, qui se balance avec fierté, en traînant après elle sa belle aiguillée de fil comme un voile de mariée.

Ils vont, ils vont, et ils arrivent au bord d'un ruisseau. Un tout petit ruisseau, vraiment, un fossé, une rigole, que vous et moi nous franchirions d'un pas. Mais, pour ces petits objets, c'est un gouffre, un abîme, c'est un précipice !

Comment faire pour passer de l'autre côté ?
Heuseusement, la paille a une idée :
— Puisque je suis très longue, dit-elle, je vais me coucher en travers, et je vous servirai de pont. Vous passerez donc sur moi, l'un après l'autre, mais attention ! Je suis légère, et mince, et peu solide ! Alors, passez, je vous en prie, le plus vite que vous pourrez, et surtout sans vous arrêter !
— Entendu ! disent les autres.
Alors la paille se couche en travers du ruisseau, et la braise va passer la première. Seulement la braise, je vous l'ai dit, elle est rouge

et brûlante, et aussi très jolie ! Et comme elle le sait, elle est aussi très, très coquette ! Quand elle voit son image, dans l'eau du ruisseau, elle est tellement enchantée qu'elle s'arrête pour s'admirer...

Qu'est-ce qui arrive alors ? La braise brûle la paille, la paille se coupe en deux, les deux moitiés tombent dans le ruisseau, sont emportées par le courant... Et la braise, pendant ce temps, tombe, elle aussi, dans l'eau, fait pschitt ! s'éteint et coule au fond. Ce n'est plus qu'un petit caillou rond.

En voyant cela, vous vous imaginez peut-être que le haricot a eu pitié d'elles ? Eh bien non, au contraire ! Il a trouvé tout ça tellement rigolo, ce sans-cœur de haricot, qu'il s'est mis à rire. Et il a ri si fort, si fort, qu'il en a éclaté. Le voilà, le ventre crevé, avec toutes ses petites tripes de haricot qui sortent. Du coup, quand il se voit dans cet état, il ne rit plus, l'égoïste ! Il se met à pleurer !

Mais l'aiguille, qui est bonne fille, lui dit pour le consoler :

— Allons, allons, ne pleure pas tant ! Je vais te recoudre à présent.

Et elle le fait, comme elle l'a dit : elle lui rentre dans le ventre tous ses petits boyaux ; elle rapproche, comme une poche, tous les morceaux de peau, puis elle coud le tout bien solidement. Il ne risquera plus un pareil accident ! Mais comme le fil est noir, le haricot n'est plus tout blanc, il ne l'est qu'en partie seulement.

C'est depuis ce temps-là qu'il y a ce qu'on appelle des haricots métis, c'est-à-dire blancs avec le ventre noir. Mais ne vous en faites pas, ils sont aussi bons que les autres...
Je peux le dire, j'en ai déjà mangé !

Une fois qu'elle a fini, l'aiguille dit :
— J'ai une idée.
— Laquelle ? demande le haricot.
— Nous sommes, dit-elle, beaucoup trop petits pour parcourir le monde, il est trop dangereux. Alors, si tu le veux, nous rentrerons à la maison.
— Oui, mais si nous rentrons, dit le petit haricot, Mme La-terre-est-basse va encore nous laisser par terre !
— Je le sais, mais voici ce que nous allons faire : une fois rentrés, nous lui jouerons quelques bons tours de notre façon pour lui donner une bonne leçon !
— Comment cela ?
— Tu verras !
Ils reviennent à la ferme et, une fois là, l'aiguille se plante, par le gros bout, dans le corps du petit haricot, ce qui lui permet, pour la première fois de sa vie, de se tenir en équilibre, la tête en bas et la pointe en l'air. Ainsi réunis, tous les deux, ils deviennent une sorte de machine infernale : ils se faufilent dans les armoires, se cachent sous les piles de mouchoirs, ils se fourrent dans les coussins, les oreillers, les traversins, la dame les rencontre partout, il y a de quoi devenir fou !

Quand elle met ses souliers,
Elle se pique le pied.
Quand elle écosse les pois,
Elle se pique le doigt.
Quand elle épluche des pommes de terre,
Elle se pique le derrière.
Quand elle veut prendre une douche,
Elle se pique la bouche.
Quand elle veut prendre un bain,
Elle se pique les reins.
Quand elle se met au lit,
Elle se pique le mistigri !

Ce n'est vraiment plus une vie ! Alors, peu à peu, la fermière se met à changer de manières. Elle devient méfiante, précautionneuse, soupçonneuse. Elle regarde partout, elle scrute, elle surveille. Elle écoute, elle flaire, elle fouille. Et puis elle souffle, elle époussette, balaie ceci, essuie cela, commence à ranger ses affaires, à faire la chasse à la poussière…

Vous me croirez si vous voulez, mais à la fin de l'été, elle avait complètement changé ! Un jour, à force de tout ranger, elle a trouvé le haricot avec l'aiguille. Elle a remis l'aiguille dans son étui, puis elle a pris le haricot,

l'a balancé dans le fricot, et l'a mangé le soir même avec une tranche de gigot...
Depuis ce temps, dans le village, on ne l'appelle plus La-terre-est-basse. On l'appelle la Mère Plumeau, ou encore la Mère Balai, parfois aussi la Mère Frotte-toujours, la Mère Range-moi-ça ou la Mère Faut-que-ça-brille !
Si vous allez dans le pays de là-bas, à moins que ce ne soit le pays d'ailleurs ou celui d'autre part, vous pourrez constater que tout, dans cette ferme, est astiqué, briqué, lavé. Le sol est si net et si clair qu'on pourrait y manger par terre !
L'aiguille est bien contente ! Quant au petit haricot, je n'ai jamais pu savoir s'il avait aimé le gigot.

La morale de tout ceci,
Je m'en vais vous la dire ici.
La morale de tout cela,
Si vous voulez savoir, voilà :

Ne riez jamais du malheur
De vos frères ou de vos sœurs.
Passez très vite sur les ponts,
Surtout si le fleuve est profond !
Mais aussi, chers petits amis,

Respectez le travail d'autrui.
Respectez d'autrui le labeur :
Plus tard, vous s'rez un travailleur.
Respectez d'autrui le boulot,
Soyez bons pour les animaux,
Pour les objets inanimés,
Pour ceux qui doivent nettoyer,
Balayer, laver, repasser,
Partout où vous êtes passés !
N'imposez pas à vos mamans
De la fatigue en supplément,
Rangez bien toutes vos affaires
Quand vous n'avez plus rien à faire
Et, ce que vous laissez tomber,
Baissez-vous pour le ramasser !

Dans la même collection

✡

Contes de la rue Broca

La sorcière du placard aux balais
et autres contes

Le géant aux chaussettes rouges
et autres contes

La fée du robinet
et autres contes

Contes de la Folie Méricourt

La sorcière et le commissaire
et autres contes

Le diable aux cheveux blancs
et autres contes

✡

Première édition, dépôt légal : avril 1997
Nouveau tirage, dépôt légal : juin 1999

N° d'édition : 11.182 - ISBN : 2 246 54621 4 - ISSN 1281-6698
Photogravure : Objectif 21 - Impression et brochage : Aubin
Conception et réalisation maquette :
Joëlle Leblond